AF343195

TESTAMENT HARMONIQUE

D'A. ELWART

Ancien Pensionnaire de France à Rome
Professeur-Adjoint de Reicha et ex-Professeur d'Harmonie
écrit au Conservatoire National de Musique et de Déclamation

Paris, PETIT Ainé Éditeur de Musique
Galerie Montpensier 42 (Palais Royal)
Tous droits réservés.

1872

AUX LECTEURS.

Les prescriptions du règlement du Conservatoire m'ayant obligé, après plus de trente-neuf années de bons et loyaux services, de *faire valoir mes droits à la pension de retraite*, j'ai pensé être encore utile à la vulgarisation de la science harmonique, en publiant ce Testament. Si l'un de mes élèves lauréats avait été choisi par la nouvelle administration, pour y continuer l'enseignement de ma méthode toute expérimentale, je n'aurais pas entrepris la rédaction de cet opuscule.

En l'écrivant, je n'ai pas eu la prétention de tracer un programme à mon jeune successeur. Élève-Grand-Prix de Rome, du nouveau directeur du Conservatoire, il a appris de lui, tous les secrets de l'art spéculatif et idéal; c'est donc surtout aux professeurs, étrangers au Conservatoire, qui seraient tentés de faire un cours public d'harmonie, que je divulgue mes procédés d'enseignement pratique. Leur facile application pourra également être faite en faveur des élèves particuliers de leur clientèle. Beaucoup de professeurs n'ayant pas un système qui leur soit personnel, se servent depuis plus de trente ans, de mes traités d'harmonie, avec quelque succès. En leur offrant ce nouvel ouvrage, je crois leur rendre extrêmement facile la tâche qui leur incombe. Ne pas séparer la science de l'art; faire aimer surtout ce dernier, en expérimentant dès les premières leçons, les essais infimes des jeunes élèves; développer en eux la faculté mélodique, en les mettant à même de procréer des phrases musicales sur chacune des basses données du cours d'harmonie; dégager enfin cette science de tout ce qu'elle a d'aride dans ses commencements; tel a été mon but, et, une expérience de quarante années d'enseignement public et particulier, m'autorise à croire que je n'ai pas trop présumé de l'efficacité de mon système, puisque par sa pratique, moins de deux ans d'études ont suffi jusqu'ici, à tout élève bon musicien, pour devenir en le suivant, un excellent harmoniste-mélodiste. Témoin les Grisar, les Aimé Maillart, les Th. Gouvy, les Ad. Blanc, les **Victorien Joncières**, et tant d'autres de mes élèves devenus des maitres renommés.

L'AUTEUR.

TESTAMENT HARMONIQUE

d'A. ELW

CHAPITRE PREMIER.

DISPOSITIONS GÉNÉRALES.

I. FORMATION DU PERSONNEL DE CLASSE D'HARMONIE.

Afin de pouvoir, dès les premières leçons cours, faire chanter à quatre voix, les essais corrigés des élèves, le professeur agera de façon à ce qu'il y ait au moins parmi eux un 1ᵉʳ un 2ᵈ dessus, un ténone basse — Les classes de solfège du Conservatoire ont un personnel assez nom pour que le quatuor vocal néces- saire y soit facilement recruté (1)

II. DU TRAVAIL AU TABLEAU NOIR.

L'harmonie non expérimentée étant commoi sans les œuvres, une lettre morte, chaque démonstration sera faite au tal Le professeur y réalisera le moins possible lui même, les faits harmoniques qu'il aabord présentés, expliqués et analysés aux élèves; mais tous, à tour de rôle, prendronrayon et monteront au tableau noir. Lorsqu'un élève adressera une question au peur, celui-ci la fera résoudre par un autre de ses disciples; ne prenant lui mê parole que si aucun d'eux n'a pu répondre convenablement.

III. DE LA CONNAISSE DES ACCORDS,
ET DES NOTES DE PASSAGE; PLEUR SEULE AUDITION.

L'harmonie ne doit pas être étudiée quee papier — Il est de la dernière importance que son étude *de auditu*, se fass les premières leçons, — Le profes- seur fera mettre en rang ses élèves, afin qu' le voient pas toucher le clavier du piano, et il leur demandera quelle est laté majeure ou mineure des accords parfaits exécutés par lui — Le ton de chacuix, s'il est à l'état direct ou renver- sé, — Plus tard, il fera la même expérience ard des autres accords directs et renversés et des notes de passage, formant les notes réelles, toutes espèces de mélodies.

---

(1) A défaut de voix, l'exécution au piano sufil est absolument indispensable d'em- ployer cet instrument, lorsque l'on donne leçon seul élève particulier. Cette observa- tion est applicable dans ce cas, a toute espèce alisation des devoirs et des exemples choisis dans les maîtres célèbres de l'ancienne la nouvelle école.

IV. DE LA CRÉATION DE CHANTS DE DIFFÉRENTS RHYTHMES SUR LA BASSE DONNÉE LA PLUS ÉLÉMENTAIRE.

Afin de développer le goût des élèves pour la mélodie qui vivifie tout en musique, le professeur, après leur avoir fait réaliser une basse de huit à seize mesures, leur fera chercher, sur cette même basse, différentes mélodies ayant chacune un rhythme particulier. Pour les mettre à même d'obtenir de prompts et solides resultats, il leur enseignera dès le commencement du cours, les différentes espèces de *notes de passage;* mais pour ne pas troubler l'esprit encore peu méditatif de ses élèves, il procèdera à cet enseignement avec lenteur, en le développant de la manière suivante: Sur les accords de trois sons, application des notes de *passage simples;* sur ceux de quatre sons et de cinq sons, les appogiatures, anticipations, syncopes, suspensions ou retards et pédales, seront successivement mis en œuvre.

CHAPITRE SECOND.

DISPOSITIONS PARTICULIÈRES.

I. DE L'ACCOMPAGNEMENT EN TROIS TONS DIFFÉRENTS D'UN CHANT ÉCRIT PRIMITIVEMENT EN MODE MAJEUR.

Une mélodie écrite en mode majeur, peut être accompagnée dans trois tons dif_férents: 1° dans le ton qui lui est affecté, 2° à son relatif mineur principal;_ 3° au quatrième degré de sa tonique initiale.____ Un même son étant tout à la fois la toni_que, la tierce et la quinte de trois toniques différentes. (1)

Donc, un chant en *ut majeur,* par exemple, peut être accompagné en *la mineur* et finalement en *fa majeur.* Pour que ce même chant commence et termine naturelle_ment dans ce dernier ton, il faut armer la clef du bémol nécessaire, et faire subir un petit changement à son avant dernière note finale. Cette variété d'harmonies sous une *même mélodie,* peut produire de charmants effets, a la scène surtout, lorsque trois personnages (ayant le même genre de voix) doivent répéter l'un après l'autre, la même phrase musicale. Dans le style instrumental, par son emploi intelligent, on obtient des effets d'une grande puissance.

(1) Les Contrepoints renversables à l'8ᵉ à la 10ᵉ et à la 12ᵉ présentent les mêmes transpositions d'un chant donné; seulement, ce dernier s'enrichit de la faculté du renversement; ce qui ne peut avoir lieu ici.

II. DE LA CHIFFRATION DE LA MÉLODIE.

Afin de trouver facilement la basse d'un chant, les élèves en chiffreront les notes comme s'il était lui même une basse donnée; puis, en renversant les accords, ils auront facilement la vraie basse de ce même chant.—— Le professeur leur fera remarquer qu'un chant, ainsi qu'une basse, dès qu'ils modulent dans un de ses tons relatifs, comme par exemple de la tonique à la dominante, doivent être accompagnées dans le ton nouveau, et non pas dans le ton primitif.

III. DE L'EXCELLENCE DES *PARTIMENTI* DE FENAROLI.

Le livre de cet illustre théoricien doit être mis entre les mains des élèves dès leur première leçon—— La lecture de sa lumineuse théorie, et la réalisation des *Partimenti* ou basses chiffrées, développeront en eux le sentiment vrai de l'harmonie, en leur applanissant toutes les difficultés inhérentes à sa réalisation. (1)

IV. DE LA NÉCESSITÉ DE CHERCHER DE NOUVELLES BASSES AUX LEÇONS DE SOLFÉGES DES MAITRES CÉLÈBRES.

Rien ne développe avec plus de promptitude chez les élèves, la faculté d'appli_ quer sous un chant une basse convenable, que d'expérimenter cette application en choisissant dans *le solfège d'Italie* les belles leçons des Leo, des Fux, des Hasse et des Scarlati. Les élèves cacheront la basse écrite par ces célèbres maîtres en copiant la partie mélodique; puis après avoir écrit leur propre basse, ils la compareront à celle de leurs modèles;—— et corrigeront les fautes qu'ils auront nécessairement commises. Ce travail si utile, se fera également en refaisant les basses d'airs d'opéras célèbres, et de mélodies populaires.—— Plus tard, lors_ qu'ils seront initiés à la connaissance de tous les accords et des différentes notes de passage, ils devront inventer eux mêmes des leçons de solfège, ou des mélodies sans paroles, qu'ils accompagneront d'une basse.

V. DE L'ANALYSE MÉLODIQUE ET HARMONIQUE D'UNE MÉLODIE CÉLÈBRE, ACCOMPAGNÉE AU PIANO.

Dès les premières leçons du cours, le professeur fera analyser mélodique_ ment et harmoniquement un passage mélodique de maître, accompagné au pia_ no. Il procédera du simple au composé, en ne faisant d'abord marquer d'une croix au crayon, que les seuls accords parfaits, quant à la basse, et que les seules notes de *passage simples*, quant au chant.

---

(1) Hip. Colet et E. Deldevez ancien élève de l'Auteur ont publié chacun un excellent ouvrage commentant et réalisant celui du grand théoricien Italien.

VI. DE LA CRÉATION PROGRESSIVE DE CHANTS METTANT EN ŒUVRE À TOUR DE RÔLE, CHACUNE DES SIX NOTES DE PASSAGE (1)

Sur une même basse chiffrée de peu d'étendue, le professeur fera écrire, une suite de petites mélodies mettant en œuvre chacune des six notes de passage.

VII. DE LA NÉCESSITÉ DE CITER, AUX ÉLÈVES, LES PASSAGES D'ŒUVRES MUSICALES CÉLÈBRES DANS LESQUELLES LES ACCORD DU SYSTÈME ET LES SIX NOTES DE PASSAGE SONT EMPLOYÉES AVEC EFFET (2)

L'emploi de certains accords, de certaines notes de passage, contribue, dans les partitions des maîtres, à produire des effets qui, scientifiquement, donnent plus de couleur à l'harmonie, et qui, mélodiquement impressionnent vivement les auditeurs.——— Le professeur, au fur et à mesure de l'enseignement des accords et des notes de passage, fixera l'attention des élèves sur ces passages, objets de l'admiration des connaisseurs. Il leur en fera l'analyse scientifique, poétique et scénique.

VIII. DE LA VARIÉTÉ DE BASSES SOUS UNE MÊME MÉLODIE. (3)

Ce travail est de la plus grande utilité pour les élèves. Il leur donnera en peu de temps une grande facilité de plume. Nous observerons qu'une basse qui doit seule accompagner une mélodie, sera plus concertante, plus harmonieuse en quelque sorte, que telle autre basse, devant avoir son entier complément par l'adjonction obligée des parties intermédiaires

---

(1) Lire le petit Manuel d'harmonie de l'Auteur,　(5ᵉ Édition) Paris, 1859, chez Colombier.

(2) Lire la Méthode d'harmonie des *Etudes élémentaires de la Musique*, de l'auteur, de cet opuscule, dans laquelle, à l'exemple des grammairiens Noël et Chapsal, il a corroboré chaque démonstration par un exemple choisi dans les œuvres des grands compositeurs anciens et modernes.　Paris, 1836, chez Tantestein.

(3) Lire nos traités d'harmonie: Petit manuel, et les Etudes élémentaires ainsi que le Manuel des aspirants aux grades de chef et sous-chef, de musique dans l'armée. (2ᵉ édition) Paris, 1860, chez E. Gerard, 12 Boulevard des Capucines.

IX. DE LA BASSE ÉNIGMATIQUE.

Cette basse, dont la réalisation a pour but de rappeler aux élèves la position, l'enchaînement, la résolution régulière ou irrégulière et même enharmonique des accords, s'écrit par le professeur, en mettant une suite de chiffres s'enchaînant logiquement, mais privés de toute espèce de note tracée sur le papier ou sur le tableau noir.

Voici comment doit procéder le professeur: Après avoir écrit à la basse une tonique, majeure ou mineure quelconque, le professeur trace des barres de mesure et écrit au dessus de la portée le ou les chiffres nécessaires. Un seul chiffre remplissant toute une mesure appelle à la basse la note de la plus longue valeur, telle qu'une ronde par exemple;— deux chiffres y appellent deux blanches; quatre chiffres, quatre noires; trois chiffres (à quatre temps) exigent une blanche et deux noires etc. Lorsque le professeur desire qu'une note de la basse soit répétée, il trace un trait horizontal entre les deux chiffres—— Si la basse doit être affectée d'un des trois signes altératifs, on l'indique au dessous de la mesure où il est nécessaire. Ce système de récapitulation frappa beaucoup par ses résultats instantanés, le célèbre compositeur Ferdinand Hiller, directeur alors du Conservatoire de Cologne, lorsqu'il honora notre classe d'une visite amicale. Nos élèves étaient si rompus à ce genre d'exercice, qu'après avoir écrit les notes de la basse enigmatique donnée par F. Hiller ils la chantèrent incontinent devant lui, à quatre voix.

Voici un exemple de basse enigmatique:

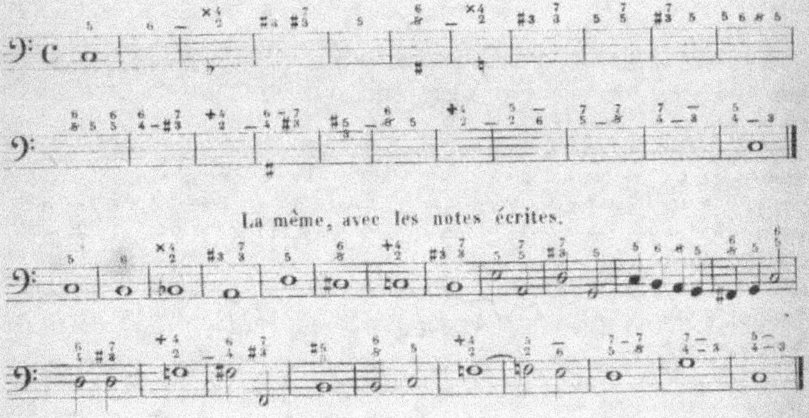

La même, avec les notes écrites.

CONCLUSION.

Nous terminons ici ce testament d'un artiste qui, quoique bien vivant, Dieu merci! voit son héritage scientifique passer dans d'autres mains moins débiles que les siennes, mais non pas plus empressées de se tendre encore généreusement vers la jeunesse studieuse, qui demande à l'étude de l'art le savoir, puis un moyen honorable d'existence et peut être aura, par elle, de la gloire dans l'avenir. C'est ainsi que plusieurs de nos disciples les plus distingués ont agi, et nous sommes heureux, en disant un éternel adieu à ce Conservatoire où nous espérions exhaler notre dernier soupir, de bénir encore une fois la mémoire de Cherubini qui, rempli de bienveillance envers nous et d'estime pour nos talents, exigea du Ministère de l'Intérieur en 1840, la création de la classe d'harmonie écrite, où nous avons professé trente et un ans, afin qu'une flagrante injustice commise à notre égard, fut publiquement réparée (1)

Paris, le 20 8bre 1871.

A. ELWART.

---

(1) En 1840, un professeur de talent du reste, feu Hippolyte Colet, ayant été nommé titulaire d'une classe d'*Harmonie écrite*, à l'usage spécial des élèves lauréats non pianistes, par le Ministre de l'Intérieur, sans avoir été préalablement présenté par le Directeur, assisté du comité des études, Cherubini fit appeler dans son cabinet l'auteur de cet opuscule, qui par des services gratuits antérieurement rendus pendant huit années consécutives, était digne de l'emploi nouveau, et lui déclara que, si dans les quarante-huit heures il n'était pas nommé titulaire d'une classe semblable à celle crée pour Hippolyte Colet, il donnerait sa démission.— Touché de ce procédé, le professeur-adjoint de Reicha, puis de Leborne, le supplia de n'en rien faire, mais Cherubini écrivit au Ministre, et, le surlendemain, le Conservatoire comptait un professeur-titulaire de plus et eut une injustice de moins à déplorer.

Note extraite de l'histoire de la Célèbre Société des Concerts par A. ELWART. Paris 1860.

ŒUVRES DIDACTIQUES
DE L'AUTEUR.

<table>
<tr><td>Année
de la
Publication</td><td></td><td>Prix</td></tr>
<tr><td>1836. —</td><td>**SOLFÉGE** du jeune âge, texte français et anglais, avec images coloriées. Chez Vermot, quai des Grands Augustins..............</td><td>3 fr. »</td></tr>
<tr><td>1836. —</td><td>**ÉTUDES ÉLÉMENTAIRES** de la musique, solfège, chant, harmonie, par Damour, Burnet et Elwart. Les deux dernières parties sont entièrement de cet artiste qui, le premier, a eu l'heureuse idée de puiser tous les exemples de l'application des règles, dans les partitions analysées des grands maîtres. Chez Tanteinstein 8, r. Toullier.</td><td>15 »</td></tr>
<tr><td>1837. —</td><td>**ESSAI** sur la transposition musicale (2ᵉ édition) Chez Joly........</td><td>5 »</td></tr>
<tr><td>1859. —</td><td>**PETIT MANUEL** d'harmonie à l'usage des jeunes pianistes (5ᵉ édition) Cet ouvrage a été traduit en langue espagnole par F.-F. de Valldemosa en 1845, et depuis cette époque, il est adopté au Conservatoire royal de Madrid. Chez Colombier, 6, r. Vivienne.</td><td>3 »</td></tr>
<tr><td>1840. —</td><td>**TRAITÉ** de contre-point et fugue (2ᵉ édition) format anglais. Chez Joly, rue Bonaparte, 3..............</td><td>8 »</td></tr>
<tr><td>1841. —</td><td>**FEUILLE HARMONIQUE**, chez Colombier..............</td><td>» 75</td></tr>
<tr><td>1842. —</td><td>**THÉORIE** musicale populaire (2ᵉ édition) chez Colombier..........</td><td>1 50</td></tr>
<tr><td>1843. —</td><td>**LE CHANTEUR ACCOMPAGNATEUR.** Traité d'harmonie et d'accompagnement pratique à l'usage des artistes lyriques. Chez l'auteur, 43, rue Laffitte..............</td><td>3</td></tr>
<tr><td>1853. —</td><td>**L'HARMONIE MUSICALE** poëme Didactique en quatre chants. Chez Amiot, 8, rue de la Paix..............</td><td>2 »</td></tr>
<tr><td>1860. —</td><td>**MANUEL** des aspirants aux grades de chef et de sous-chef de musique de l'armée française; ouvrage approuvé par la Commission d'examen. (2ᵉ édition) Chez E. Gérard, rue Scribe</td><td>2 »</td></tr>
<tr><td>1864. —</td><td>**TRAITÉ** d'instrumentation. Chez Colombier..............</td><td>4 »</td></tr>
<tr><td>1865. —</td><td>**LUTRIN** et **ORPHÉON**, ou la musique et le plain-chant appris en chantant des chœurs. Grammaire musicale pratique à l'usage des maîtres d'école et des orphéonistes de la campagne. Chez E. Gérard..............</td><td>4 »</td></tr>
<tr><td>1867. —</td><td>**ESSAI** sur la composition chorale. Chez L. Escudier, 21, rue de Choiseul..............</td><td>5 »</td></tr>
<tr><td>1870. —</td><td>**AXIOMES MÉLODIQES** et **HARMONIQUES** à l'usage des élèves concurrents des Conservatoires de France et de Belgique. Chez l'auteur..............</td><td>5 »</td></tr>
<tr><td>1871. —</td><td>**TESTAMENT HARMONIQUE** de l'auteur. Chez Petit aîné, 42, Galerie Montpensier (Palais Royal)</td><td>1</td></tr>
</table>

Paris Imp. Delay, rue Rodier 41